Euclides Socialista

Obras Esquecidas

Organizadores:
Cauê Seignemartin Ameni
& Wander Wilson

Dados Internacionais de Catalogação na Publicação (CIP)
(eDOC BRASIL, Belo Horizonte/MG)

Cunha, Euclides da, 1866-1909.

C972e Euclides Socialista: obras esquecidas / Euclides da Cunha; organizadores Cauê Seignemartin Ameni, Wander Wilson. – São Paulo, SP: Autonomia Literária, 2019.
128 p. : 12 x 17 cm

Inclui bibliografia
ISBN 978-85-69536-55-0

1. Literatura brasileira – Crônicas.
I. Ameni, Cauê Seignemartin. II. Wilson, Wander. III. Título.

CDD B869.3

Coordenação Editorial
Cauê Seignemartin Ameni, Hugo Albuquerque & Manuela Beloni

Transcrição
Guilherme Ziggy

Revisão
Marcia Ohlson

Capa
Rodrigo Guilherme de Melo Corrêa

Diagramação
Vanessa Nicolav

"Euclides da Cunha, com os seus olhos de brasileiro profeticamente voltados à Amazônia e com suas preocupações de socialista enjoado com as misérias da exploração capitalista."

- Gilberto Freyre

PREFÁCIO

PREFÁCIO

Walnice Nogueira Galvão
Professora Emérita da FFLCH-USP

Este livro oferece ao leitor uma seleção dos textos de Euclides da Cunha mais diretamente ligados ao socialismo.

Um socialismo de base já se revelava nos quatro sonetos dedicados a protagonistas da Revolução Francesa, que compôs ainda em 1883, quando mal saía da adolescência. Em seu republicanismo ardente, demonstram admiração por quem, coisa inédita na História, apeou do poder uma classe e conduziu um rei à guilhotina, liquidando a monarquia e instituindo a República. Tais líderes, cada um agraciado com um soneto em que seu nome fornece o título, são Danton, Marat, Robespierre e Saint-Just.

Este volume estampa artigos resolutamente dedicados a fazer propaganda republicana. Mesmo depois de vitoriosa a República, Euclides persistiria no comentário cerrado e acirrado ao tumultuado dia-a-dia do novo regime. Parte desses artigos foi subscrita pelo pseudônimo de Proudhon. A escolha do pseudônimo implica numa declaração de princípios, já que se trata de um famoso teórico daquilo que ficou conhecido como "socialismo utópico", em contraposição ao socialismo científico de Marx e discípulos. Proudhon, teórico e reformador francês, também foi inspirador do anarquismo. Outros socialistas utópicos são Robert Owen, Saint-Simon e Fourier, mas é Proudhon o autor de uma das mais célebres frases do pensamento revolucionário: "A propriedade é um roubo".

Euclides, ativista engajado na campanha pela abolição do cativeiro, pela derrubada do trono e pela instauração da República, fora expulso da Escola Militar da Praia Vermelha, no Rio de Janeiro, por praticar um ato de insubordinação contra o regime monárquico então vigente. Por isso, passaria uns tempos em São Paulo, acolhido no reduto republicano que era o jornal *A Província* (hoje *O Estado de S. Paulo*). É ali que inicia sua colaboração na grande imprensa, e especialmente nesse jornal, a quem seria fiel pelo resto da vida. Entrega-se de saída, como vimos, à violenta propaganda republicana.

Mais tarde, seria o enviado especial do jornal à Guerra de Canudos, para o qual escreveria as reportagens recolhidas postumamente no volume *Diário de uma expedição*. O interesse maior dessas reportagens é que nelas reside o embrião de *Os sertões*, que absorveu cinco anos de elaboração, acrescido que foi de estudos de ambição enciclopédica, procurando versar todo o saber de seu tempo, desde as ciências até às humanidades.

Vão ainda no presente volume outros textos, bem mais conhecidos que os artigos de Proudhon. Um deles, sem título, foi publicado a 1º. de maio de 1892 e comenta justamente o significado do Dia do Trabalho, prestando homenagem ao proletariado.

Por seu lado, "Um velho problema" avança mais na consideração das relações de exploração entre o capital e o trabalho, chegando a citar Karl Marx. Neste, Euclides preconiza a greve como arma de luta. É o texto em que vai mais fundo em suas reflexões sobre teoria política, que assumem os contornos de um socialismo romântico.

Já da fase amazônica é "Judas Ahasverus" que é, sem favor, um dos mais belos textos da literatura brasileira. Trata-se de uma ousada interpretação da malhação de Judas em sábado de Aleluia, visto como o ritual do bode expiatório em que se projeta a existência degradada do seringueiro, escravizado ao patrão pelas dívidas.

Nota-se que o socialismo de Euclides surge sempre misturado ao nacionalismo, o que dificulta nossa avaliação, já que hoje predomina o componente internacionalista ou universal do socialismo. Entretanto, a grande tarefa de sua geração foi justamente dedicar-se a mapear o território do Brasil e de seus viventes, então ainda em grande parte desconhecidos. Ele e seus contemporâneos eram todos patriotas, consagrados a conhecer e a fazer conhecer o país.

Apesar disso, nota-se mais ainda e acima dos laivos nacionalistas sua preocupação com os oprimidos, alinhando-se destemidamente com os canudenses primeiro e com os seringueiros da Amazônia depois. Nesta vertente destaca-se o senso de missão e o alcance de seu pensamento visionário.

São essas as linhas de força atravessando *Os sertões*, sua obra máxima, que é um libelo, acusando o Brasil de genocídio – termo que ainda não existia ao tempo –, ou seja, de, a qualquer pretexto ou problema, recorrer ao massacre.

A preocupação socialista contamina até sua pouco conhecida poesia, musa cedo abandonada deste grande prosador. Dos mais claros e significativos é o comentário manuscrito que acompanha seu poema *Os grandes enjeitados*:

> "Uma noite passávamos, eu e um amigo, em frente ao Cassino – em noite de grande baile –, envolta nas harmonias vibrantes duma orquestra se agitava a aristocracia dourada e ruidosa –; paramos – o meu amigo embevecido pela música e pelas luzes – em pé no lajedo lamacento devorava com o olhar aquele mundo luminoso e sonoro; eu contudo alheio ao que arrastava-o, fitara não o baile, a festa, mas a massa esfarrapada, sublimemente asquerosa da multidão que imóvel em frente, ao relento, quedava-se ante aquele espetáculo que era uma gargalhada horrível, irônica à sua fome, à sua nudez e fitando o povo – esse grande anônimo, que por isso não deixa de ser o maior colaborador da História – tirei a minha carteira e ali – quase que à luz que cintilava no crachá de sua majestade (!), que lá estava, tracei esses versos enquanto brilhava-me no cérebro esse alexandrino – férreo e incisivo de Victor Hugo: *O jongleurs! noirs par l´âme et par la servitude...*"

Depois de lido o comentário, quem for ao texto do poema propriamente dito verificará como interpela os poderosos, inconscientes e capazes de se divertirem enquanto a malta miserável dos excluídos é impedida de compartilhar, tanto da festa ali presente quanto da grande festa geral da nacionalidade. O poema dirige-se a esses poderosos, ameaçando-os com a revolução e conclamando-os a festejar enquanto podem.

Assim transparece a impregnação dos ideais socialistas em Euclides, que este volume resgata e oferece ao leitor.

REFERÊNCIAS BIBLIOGRÁFICAS

Euclides da Cunha, *Obra Completa*. Rio de Janeiro: Aguilar, 1966, Vol. I. Publicação por Manuel Bandeira do caderno inédito Ondas, de lírica juvenil.

Francisco Venâncio Filho, *A glória de Euclides da Cunha*. São Paulo: Companhia Editora Nacional, 1940.

Olímpio de Souza Andrade, *História e interpretação de "Os sertões"*. Rio de Janeiro: Academia Brasileira de Letras, 2002, 4ª. ed.

Euclides da Cunha, *Poesia reunida*, Leopoldo M. Bernucci e Francisco Foot Hardmann (Orgs.). São Paulo: Unesp, 2009.

OS GRANDES ENJEITADOS

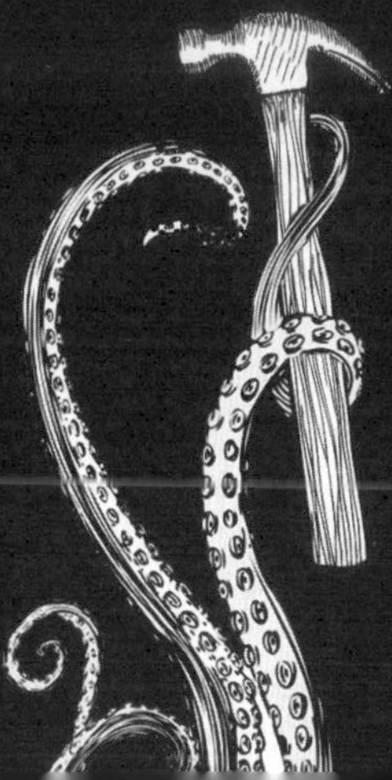

OS GRANDES ENJEITADOS

O jongleurs! noirs par l'âme et par la servitude!...
Victor Hugo

Servis!... dançai, folgai – na régia bacanália...
Quadra-vos essa luz que nos raios espalha
A treva e o crime atrai!...
Valsai – nesse delírio atroz, brutal que assombra –
Folgai... a grande Luz espia-vos na sombra!
Folgai, cantai – valsai!...

Que vos importa – ó vis, caricatos atletas –
Se o povo dorme nu – nas lôbregas sarjetas –
  Entre o pântano e os Céus!...
Q'importa se essa luz – faz as noutes da História!
Q'importa se os heróis 'stão entre a lama e a Glória
  Entre a miséria e Deus!...

Q'importa-vos a dor; – a lágrima brilhante
Do seio dos heróis –, estrela palpitante
  Que ao céu do porvir vai...
Q'importa-vos a honra, a consciência, a crença
A justiça, o dever!?... ah! vossa febre é imensa! –
  Folgai, folgai, folgai!...

Q'importa-vos a Pátria... a pátria – é-vos um nome!...
Q'importa-vos o povo – esse galé da fome –
    Ó cortesãos, ó rei!?
Se o olhar das barregãs, de amor e febre aceso
Vos ferve dentro d'alma – e se o direito é preso
    Nessa grilheta – Lei!

Fazeis bem em vos rir – ó pequeninos seres...
O crime, o vício e o mal são os vossos deveres –
    Avante pois – gozai...
Atufai-vos – rolai ó almas sem guarida –
No abismo fundo e frio – o seio da perdida!...
    – Cantai... cantai, cantai!...

Gritai com força! assim... não percebeis agora
O eco de vossa voz?... – de vossa voz sonora –
    Tremer na vastidão!?
Não ouvis as canções que o seu frêmito espalha?...
    Ele desce de Deus – ó dourada canalha –
    Ele é – Revolução!...

1884

QUESTÕES SOCIAIS

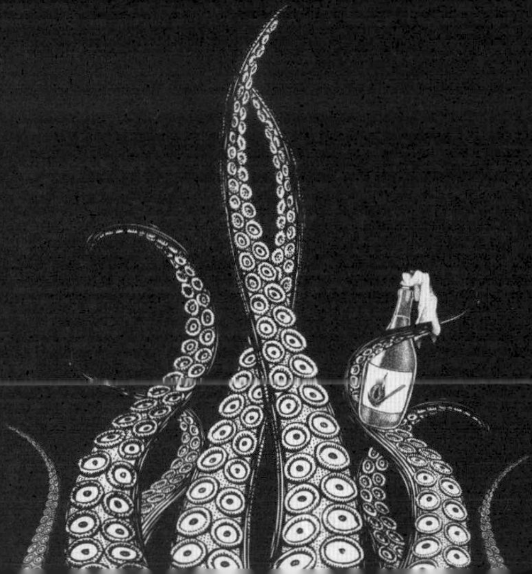

QUESTÕES SOCIAIS[1]

1 / Revolucionários

O REPUBLICANO brasileiro deve ser, sobretudo, eminentemente revolucionário.

Expliquemos o paradoxo.

A noção elevada de Pátria, despida da feição sentimental que a caracterizava, assume hoje as proporções de uma brilhante concepção cerebral, em que entram como elementos únicos, necessários e claramente correlativos, as concepções do tempo e do espaço.

Mais, talvez, do que filho de uma região, o homem da modernidade é filho do seu tempo.

Vinculado ao território pelas tradições e pela família, a humanidade, que é a generalização desta, e a história, que é a síntese racional daquelas, vinculam-no a seu século.

Da perfeita harmonia dessas concepções resulta o homem moderno.

---

1 *Província de São Paulo* (dois artigos), SP, 29 dez. 1888 e 4 jan. 1889.

Compreender a Pátria, isolando qualquer desses elementos, é incompatibilizar-se com o movimento evolutivo do progresso; é partir do egoísmo infecundo e criminoso de Bismarck ao altruísmo exagerado – ao cosmopolitismo não menos infecundo de Anacarsis Cloots, declarando-se cidadão do mundo!

A marcha das sociedades traduz-se melhor pelo equilíbrio dinâmico destas duas concepções.

Devemos aos esforços comuns das gerações passadas a altitude prodigiosa de sua individualidade; preso pelas impressões do presente ao território da Pátria – o cidadão moderno, na elevação enorme em que o princípio geral da relatividade o obriga a colocar seu espírito – desde que pense no futuro – elevação a que só atingiu pela ciência – dominado pelo cosmopolitismo desta irmana-se forçosamente a seus coevos.

É uma fraternidade que se estabelece pelo cérebro e pelo coração; é um sentimento orientado pelo raciocínio, cuja existência se demonstra com a mesma frieza, tão positivamente como um princípio de mecânica e do qual a feição mais característica se chama – civilização.

É esta, de fato, a nossa Pátria no tempo.

Negá-la é negar a função mais elevada da ciência; da ciência que além de estabelecer, pelo desenvolvimento filosófico de suas teorias, a vasta solidariedade do espírito humano, sob a sua forma empiricamente útil, como arte subordinada inteiramente a esta solidariedade, às grandes exigências da vida moderna.

Pois bem, a política do século XIX chama-se democracia; de há muito a colaboração de todas as ciências e das tendências naturais de nosso temperamento, despiu-a do frágil caráter de uma opinião partidária, para revesti-la da fortaleza da lógica inquebrantável de uma dedução científica. Em sociologia, eu creio que, observando-se o sistema social, chega-se a ela tão naturalmente como Lagrange à fórmula geral da dinâmica. Assim, não é uma forma de governo que se adota, é um resultado filosófico que se é obrigado a adotar: forma-se um democrata como se faz um geômetra, pela observação e pelo estudo; e, nessa luta acirrada dos partidos, por fim o republicano não vencerá – convencerá; e, tendo enfim dominado os adversários, não os enviará à guilhotina, mandá-los-á para a escola. A democracia é, pois, uma teoria científica inteiramente desenvolvida, simboliza uma conquista de inteligência, que a atingiu na Sociologia depois de se ter avigorado pela observação metódica da vasta escala da fenomenalidade inferior; síntese final de todas as energias racionais (podemos assim dizer), que impulsionaram as evoluções políticas de todas as nacionalidades, e definindo – na Política – o fastígio da mentalidade humana, é hoje impossível, com abstração dela, uma compreensão exata da civilização.

Pois bem, se tudo isto se dá, se de fato ninguém deve fugir à ação de seu tempo e se a democracia é a forma de governo mais em harmonia com ele – é claro que lutarmos pela sua realização, equivale a lutarmos para que se complete o nosso título de cidadãos – porque ela é, de fato, o complemento moral da Pátria.

Essa luta, porém, é francamente reacionária.

Nem deve, nem pode deixar de ser assim.

Não podendo entregar o seu desenvolvimento à vagarosa evolução do espírito popular; descrente da política do seu país, em que a maioria dos estadistas estuda "para saber errar convenientemente": agindo, além disto, num Estado que realiza o deplorável fenômeno histórico de possuir sessenta anos de vida política e quase mil de inervação monárquica, porque, importando o trono da dinastia de Bragança, adquiriu todo o velho carrancismo das dinastias portuguesas; por outro lado, impelindo pelas tradições de sua terra – repletas de um majestoso rumor revolucionário – cheia da encantadora magia dos mais belos exemplos, desde o estoicismo heroico de Tiradentes à heroica abnegação de Nunes Machado – o republicano brasileiro deve ser forçosamente revolucionário.

Demais – digamo-lo ousadamente –, a própria orientação filosófica que o dirige, obriga-o a destruir.

Destruir – para construir.

Ora, destruir, no organismo social o tóxico lentamente infiltrado, é aplicado os antídotos violentos dos casos desesperados.

Por mais refletido que seja – ou, melhor, por isso mesmo – o republicano, desde que as suas ideias exerçam assim a função de reagentes – que lhe preparam o terreno próprio à realização dos ideais, que têm unicamente a existência subjetiva de seu espírito – é forçado a revesti-las do máximo vigor e desassombro extremo. Descansem, porém, os que se assustam com este título: Revolucionários – ele, além de exprimir uma louvável tendência a nivelar-se a seu século, realiza o verdadeiro tipo de propagandista, não de uma opinião política, mas de uma necessidade social.

Este epíteto – ele não adota o ad libitum – aceita-o; aceita-o como corolário inevitável do conflito da ação positiva de seu espírito sobre a influência negativa do regímen antigo. Inteligente – se o estado atual de seu país obriga-o a ser inflexivelmente enérgico – o estado atual de seu tempo obriga-o a ser calmo; é alguma coisa semelhante ao temperamento tempestuoso de Danton dentro da disciplina mental de Condorcet: e quando amanhã de larga expansão à sua vitalidade, vê-lo-ão, rígido e inexorável, despedaçar, com o mesmo golpe, o trono e a guilhotina.

II / 1889

Em um de seus livros, Pelletan, ressuscitando – galvanizada pelo seu espírito poderoso – uma sociedade morta, apontou como origem da grande revolução o reinado de Luís XIV.

Observador admirável, armado de uma lógica vigorosa, constantemente apoiada nas verdades históricas, demonstra a sua asserção de uma maneira genial, nitidamente – golfando a grande cintilação de sua pena dentro da profunda decomposição da escandalosa corte do "Grande-Rei"...

De fato, não se pode fixar como início da Revolução Francesa a convocação dos "Estados Gerais" em 89.

Como todos os fenômenos históricos de influência geral sobre os destinos das nacionalidades, ela exprime claramente o resultado das ações de todos os povos, em todos os tempos.

Pascal, numa alegoria admirável – em que exprime brilhantemente a lei da continuidade dos esforços humanos – sintetiza a humanidade num indivíduo secular, enorme, eterno – que irrompe através dos séculos e cuja existência se prolonga pela extensão indefinida das idades.

Essa entidade abstrata, que cresce e se avoluma a todo instante – cuja vida é feita das experiências das gerações desaparecidas, traduz uma lei no seu movimento firme, retilíneo e invencível para o futuro.

Como todas as leis naturais – esta é indestrutível.

Modificar esse movimento é infringi-la. Demorá-lo de um segundo ou de um século, é suprir o trabalho que devia ser realizado, por uma acumulação proporcional de energia que afinal o realizará – brutal, enérgica e precipitadamente.

Daí as agitações da história; as revoluções – perturbações impressas no movimento tranquilo do progresso, inteiramente subordinado a uma lei, que é como uma força constante – a Evolução.

O trono de Luís XIV – que é afinal o de Luís XVI – antepôs-se-lhe afrontosamente; a revolução estacou – condensou a sua energia prodigiosa durante dois séculos e afinal, excitada pelo "lirismo revolucionário" dos Enciclopedistas, precipitou-se em 89...

O que o desdobramento natural dos acontecimentos devia fazer em três séculos – a revolução fez em três meses.

Abertos os Estados Gerais em 5 de maio – o presidente do "terceiro Estado" comete a irreverência de não querer falar de joelhos a S.M., segundo a prática tradicional.

No dia de 17 de junho – rompendo com as ordens privilegiadas – o "terceiro Estado" assume altivamente o título de Assembleia Nacional.

No dia 20 – jura não se dispersar sem dar Constituição à França.

No dia 22 – à intimativa real de dispersar-se – calmo, altivo e indomável, Sieyès replica:

Parece-me que a nação reunida não pode receber ordens.

Era uma coisa nova na História.

14 de julho – a revolução inicia a sua ação material.

Finalmente, na noite memorável de 4 de agosto, decreta os seus princípios imortais, no dizer de um escritor ilustre – a

Carta de Liberdade do Gênero Humano!...

A revolução devia ter parado aí.

Foram demais o assassinato de um rei e o regímen sinistro do Terror.

Em breve, Paris se apresentará ao mundo sob a sua forma mais augusta e mais nobre. Proclamará a vitória mais brilhante desses combates ideais do progresso, que se tornam cada vez mais sérios à proporção que cresce a civilização e cada vez menos sangrentos à proporção que se tornam mais sérios.

Então, colocando num mesmo espaço em comum, os resultados mais elevados da atividade humana, irmanando pelas suas mais brilhantes ações as nacionalidades todas e fazendo talvez de sua Exposição a primeira manifestação real de uma grande utopia: a Federação Universal das Nações – Paris realizará o sonho deslumbrante daqueles revolucionários heroicos e bons, que o povo de Versalhes via comovido, na noite de 20 de junho, correndo as suas ruas em procura de uma sala, pois que não tinham onde prestassem o juramento sublime – de salvar o mundo!...

FIM DE "NOVICIADO NA IMPRENSA"

ATOS E PALAVRAS

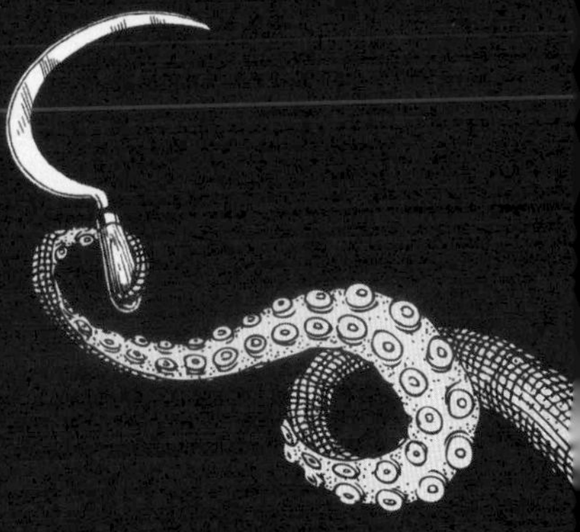

ATOS E PALAVRAS[2]

I

COMO PREÂMBULO a esta seção – definamo-nos.

Não nos destinamos à imprensa.

Os artigos aqui escritos exprimirão parêntesis abertos em nosso estudo e torná-los-emos reflexos dele.

Excluímos o estilo campanudo e arrebicado. A ideia que nos orienta tem o atributo característico das grandes verdades – é simples.

Estudá-la é uma operação que requer mais que as fantasias da imaginação – a frieza do raciocínio.

Analisá-la, dia a dia, é uma coisa idêntica à análise da luz: é preciso que se tenha no estilo a contextura unida, nítida, rígida e impoluta dos cristais.

2 Este grupo é constituído de oito crônicas estampadas no jornal Província de São Paulo, em 1889, e, junto dos grupos "Da penumbra" e "Dia a dia", foi pela primeira vez publicado na *Revista do Livro* (nº 15, Rio de Janeiro, set. 1959), com interessantes anotações, que mantemos por serem altamente esclarecedoras de sucessos ou circunstâncias inspiradoras de algumas crônicas.

Lutar por ela, desenvolvê-la, fixa-la no seio da nossa nacionalidade é fazer todo instante, continuamente – apelo à orientação segura do pensamento.

Nessa luta ideal, pois, apaixonar-se é enfraquecer-se.

Indignar-se é tornar-se indigo.

*

A democracia, que é antes de tudo uma ideia altamente séria, começa a receber o ataque grotesco dos garotos assalariados.

Não podendo feri-la num combate leal, frente a frente, a plutocracia mal disfarçada declara-lhe a campanha do descrédito.

A vitória consistirá nisto – desmoralizar.

Diante da palavra de Silva Jardim põe escandalosamente a navalhada dos capangas.

Ante a postura retilínea de Quintino Bocaiúva – as contorções tristemente ridículas do senhor Patrocínio.

Em frente da Pátria – a guarda negra.

Diante de tudo isto, o republicano, o revolucionário brasileiro, não só pelo antagonismo natural da posição, mas sobretudo pela própria essência de seus princípios, deve-se conservar austero e inflexível.

Precisa destruir e tendo espírito bastante para reconhecer que a verdade é nas sociedades decadentes elemento de destruição – adota-a.

De fato, para defender-se e ofender basta-lhe isto – dizer a verdade.

Di-la-emos.

Para sermos invencíveis na posição que ocupamos basta-nos registrar os atos e palavras dos partidos que se digladiam.

Fá-lo-emos, contudo, através do nosso temperamento.

Escreveremos um depoimento libelo.

Seremos – testemunha e juiz.

II

Temos como desigual qualquer luta com nossos adversários. Sugere-nos esta afirmativa a consciência da própria força.

Não vai nela violação de modéstia.

Ante a fortaleza do pensamento, a extensão das ideias exerce função idêntica ao comprimento das alavancas ante a força material – multiplica-a.

Desiludam-se os que acreditam que somos motores da propaganda republicana; ela é que nos impulsiona para o futuro e todo o nosso trabalho – na imprensa ou na tribuna – consiste em transmitir à pátria o movimento que nos impele a fazê-la caminhar conosco.

Nosso desideratum é este – propagar, comunicar um movimento adquirido.

Não nos preocupa a ideia de o conseguirmos ou não.

Sentimo-nos fortes – e isto nos basta.

Sentimos a firmeza positiva de nossas ideias e isto nos consola; porque se amanhã, por uma disposição qualquer de circunstâncias, tiverem de cair, terão a queda aparente dos astros – assim como estes desaparecem no horizonte para surgirem em outro, em vista do próprio movimento da Terra – porque eles não caem – aquelas se obscurecem num século – para surgirem em outro – em vista do próprio movimento das sociedades – porque elas não morrem...

*

Os antagonistas da propaganda republicana pertencem a diversas categorias.

É uma coisa difícil classificá-los.

Vão desde o áulico de recente data – em geral ex-demagogo, ex-petroleiro – tristemente desfrutável que ainda há pouco fulminava com letras maiúsculas o trono, a tirania etc., na melopeia monótona de uns alexandrinos defeituosos – ao conservador de velha data – austero, rígido, mas teimoso, imperterratamente imóvel ante o choque das ideias – como a estátua de Glauco ante o embate das ondas...

Qualquer, porém, é extremamente fraco, o que mais ainda nos fixa a convicção de que travamos um combate desigual.

A evidência disto manifesta-se na argumentação de que usam e abusam desapiedadamente.

Sem lógica – porque os princípios que adotam, por extremamente arbitrários, não comportam conclusões positivas e racionais, apegam-se a uns velhos argumentos, gastos, moídos e remoídos pelos prelos de todos os tempos e lugares... mudam-lhes o colorido do estilo para parecerem novos.

Certos de que são extremamente fracos, fazem com eles uma espécie notável de guerra de emboscada – assim é que quase sempre os vemos surgindo de uns períodos obscuros e impenetráveis, eivados de uma adjetivação caprichosa e de uma tecnologia arbitrária.

Sempre envoltos numa frase sonora – o que atesta claramente ser ela, antes de tudo – oca.

Ora se utilizam da mesma balela – que consiste em apontar na história as repúblicas infelizes – e, afoitos, impõem à pobre inteligência uma peregrinação imensa pelos séculos afora – quando, sem abandonarem o seu tempo, encontram as grandes repúblicas da Europa e da América.

Ora, tomando ingenuamente ao pé da letra a fórmula "governo do povo pelo povo", entendem que este, atrasado como está, não se pode governar. É um triste argumento este.

Esta fórmula diz que todo cidadão pode se tornar apto para dirigir.

O governo republicano – digamo-lo sem temor – é naturalmente aristocrático – os pergaminhos dessa nobreza, porém, ascendem numa continuidade admirável, das oficinas às academias.

É o governo de todos por alguns – mas estes são fornecidos por todos.

Outros, porém, dão uma altitude especial à argumentação, encarando a ideia de uma maneira mais original e mais séria.

Assim fazendo, confessam que ensarilham as armas ante o sistema geral de seus princípios.

Vão mais longe – adotam-no inteiramente antes as duas ciências superiores – Moral e Sociologia – de onde se derivam as nações positivas do dever e do direito.

Reconhecem que possui todos os elementos de ordem e que se presta à organização geral da sociedade.

Concluem daí forçosamente – que é superior a todos. Mas combatem-no porque prevê as anomalias de sua adaptação empírica – aceitam a sua dinâmica – julgam-na inconveniente.

É sempre mau fazer-se juízo antecipado.

De mais, a sociologia é uma ciência que começa, e, portanto, incapaz de realizar a previsão no campo dos fenômenos que estuda.

Na frase de Kant – qualquer noção da realidade deve se basear na experiência. Ninguém pode afirmar as concreções anômalas do sistema republicano.

A bem disto, como se aceita a sua estática e repele-se a sua dinâmica?

Se a julgam própria ao estabelecimento da ordem, por que não a seu desenvolvimento – o progresso – que é menos difícil?

Que espécie de argumentação é esta – consistindo em atribuir uma função má a um órgão reconhecido bom, quando aquela depende unicamente deste?

A própria biologia diz que isso é um contrassenso.

III

Por nossa parte recebemos também, com sincera satisfação, o aparecimento da guarda negra.

Este fato, aparentemente assustador – indica-nos unicamente a subordinação necessária dos acontecimentos às leis necessárias.

Toda reação é oposta à ação.

Ante o batalhão sagrado do futuro, iluminado e audaz, ela devia aparecer escura e obscura.

Não compreendemos, contudo, o entusiasmo que tem despertado em alguns, nem o temor que tem infundido em outros.

Achamos igualmente exagerados os ditirambos harmoniosos e os artigos violentos, que lhe têm pairado em torno.

Temo-la por intensamente fraca, por ser enormemente ridícula.

Essa pobre gente, assim tragicomicamente postada ao lado do trono, não tem por certo a audácia indomável dos thugs, nem certamente – nas veias – sinistro – o veneno embriagador do haschisch.

Um jornalista da corte apontou-a como causa provável de um conflito de raças – como o que se deu e não terminou ainda de todo nos Estados Unidos. Não cremos que isto se dê.

Como tudo o que é anormal, isto não é geral.

Demais, a raça negra, em sua essência nimiamente afetiva, harmonizar-se admiravelmente à latina, profundamente vinculada à nossa sociedade –

constituindo-a quase; a separação que deveria preceder a esse conflito teria o caráter de uma extirpação – o que é impossível.

Três séculos de contínua exploração e subordinação forçada – não conseguiram abastardar-lhe o gênio, e, durante esse tempo, ela aliou às nossas mais gloriosas tradições o nome de seus filhos.

Não a confundamos com a guarda negra.

Esta simboliza, na tez denegrida, uma espécie tristíssima de eclipse total da moralidade e da inteligência.

Aquela tem na história, como dinamômetro à sua fortaleza, a espada impetuosa de Henrique Dias e a sua verdadeira cor irradiou na fronte iluminada de Luís Gama.

Afinal a guarda negra não deve inspirar ódio, nem medo – inspira compaixão. Deve-se ver nela a parcela mais infeliz de sua raça.

Liberta de uma exploração odiosa, pelo decreto de 13 de maio, caiu pelo mesmo decreto noutra exploração.

Saiu da exploração dos senhores para a exploração dos escravos.

E criou-se, afirmam, não para o atacar, mas para resistir; entretanto, vê-se bem, que de si mesma ela é um ataque à ordem da sociedade, pela infração flagrante da moral, revestida como está de um caráter escandaloso – o da ociosidade legalizada.

Criou-se para resistir; não sabemos a quem.

Uma vaidade natural – impede-nos de conjecturar sequer que seja uma resistência a nossos atos. Na posição em que nos achamos, não nos podem atingir os trágicos de Offenbach.

Aceitamos impávidos o combate mais brilhante e mais rude das ideias.

Obedecemos mais que aos impulsos da razão; à fórmula antiga

querer é poder

substituímos a fórmula profundamente elevada.

dever é poder.

Acreditar, pois, um só instante que são nossos adversários, equivale a abdicarmos voluntariamente de nossa honra e de nosso brio.

O seu aparecimento, contudo, nos satisfaz plenamente – é a primeira manifestação da força material – é a primeira manifestação de fraqueza.

IV

O Sr. D. Pedro de Alcântara alia a um grande espírito um grande coração, afirmam convictos os turibulários de seu reinado. Façamos um esforço – admitamos isto.

Empiricamente, esta hipótese é a mais valiosa que possuímos, a fim de atingirmos a demonstração da tese que advogamos.

Ampliada pelo estudo, robustecida pelo vigor de seu temperamento exuberante de meridional, a sua inteligência percorreu por certo, inteira, a curva desmesurada com a qual Vico simboliza o curso da evolução humana.

A ciência foi, sem dúvida, a Ariadne salvadora que o orientou, nessa romagem olímpica através do tumulto das gerações desaparecidas; para isto, subordinou, certamente, seu espírito à disciplina inviolável, fazendo-o ascender, metódica e brilhantemente, da simplicidade admirável dos princípios gerais da matemática à espantosa complicação dos fenômenos sociais.

Inclinado à astronomia – grande astrônomo, segundo propalam – deve possuir no pensamento brilho e amplitude para seguir a órbita imensa e iluminada dos mundos...

Erudito e profundo – tem por vezes deixado esta nossa terra retrógada e inculta, para seguir, ansioso, a deslumbrante miragem da civilização, que lhe acena do alto das capitais da Europa; e lá, ombreando-se aos diretores do espírito contemporâneo, asseveram, os brilhos de sua coroa têm-se obscurecido ante a cintilação de sua fronte...

Democrata, sonhador e cavalheiro – abraçou como a um companheiro de armas ao heroico atleta da liberdade – ao velho mais moço do mundo – que, ao morrer, nos legou, a nós sonhadores também, o seu grande ideal, na grandiosa harmonia de seus alexandrinos imortais.

Ainda há pouco, uma república sul-americana manifestou desejos de galardoá-lo com uma dádiva riquíssima e S.M. – correto de delicado – pediu que lhe mandassem antes, dentro dos livros de seus escritores, a sua alma profundamente artística e elevada de nacionalidade inteligente e civilizada.

Ante este fato – entoaram-lhes as loas habituais; o velho turíbulo oficial fervorosamente agitado – encheu o ambiente moral da pátria – com as suas emanações puríssimas e purificadoras, e mais uma vez ante as multidões, S.M apareceu tendo na fronte em vez de uma coroa – um nimbo imaculado e casto.

Pois bem – justamente porque S.M. é um homem de espírito –, justifica-se a posição dos únicos homens de espírito desta terra.

Justamente porque o Imperador é bom – devem aumentar-se os esforços dos que entendem como uma coisa demonstrada – que o Império é mau.

Como homem de espírito – compreende que os fenômenos sociais são fenômenos naturais de uma ordem mais elevada, mais especial e mais complicada e que, assim como não se violam aqueles, não se violam estes; pode certamente descortinar – no campo da sociologia descritiva – através da desarmonia secular das raças e das sociedades, a marcha retilínea e imutável das leis naturais da civilização. Sabe que há uma lógica diretora dos acontecimentos – lógica que nos faz ver nos períodos aparentemente os mais sombrios da história, as épocas mais brilhantes da humanidade – que nos faz descortinar através do despotismo da Idade Média, o renascimento prodigioso das crenças e das ideias, que, em breve, irromperiam na modernidade, envoltas no fulgor das teses admiráveis de Lutero... Tem consciência de que as ideias são funções que definem um certo estado de organização social; sabe e acreditamos que a própria fisiologia lhe ensinou isto, que, se elas se incompatibilizam com os órgãos produtores, extinguem-se por si mesmas, pela reação natural dos meios em que aparecem – mas que se definem positivamente o estado destes, para destruí-los – será preciso destruí-los, o que é naturalmente impossível. Ninguém destrói uma sociedade; ninguém a faz parar sem abalos; seria absurdo este idêntico ao de quem pretendesse supor a imobilização instantânea da Terra, sem que esta explodisse e se volatilizasse num segundo... Os próprios cortesãos, pois, fazem com que vejamos S.M. como um elevado espírito inteiramente absorvido na observação dos acontecimentos atuais, procurando talvez descortinar-lhes a feição filosófica e civilizadora e vendo se o seu desenvolvimento se harmoniza com as leis do que Spencer chama História Natural das Sociedades.

Podemos, pois, agir desassombradamente – sem temer que se anteponham à fortaleza de nossas ideias os ferros dos janízaros.

O adversário mais interessado em nossa derrota conhece a fragilidade, a nulidade desses meios e, além de espírito, tem coração bastante, para impedir que, por meio deles, se dilacere inutilmente o grande seio da pátria.

Baseando-nos, pois, na hipótese de ser o senhor D. Pedro um grande espírito e um grande coração, concluímos logicamente que ser hoje revolucionário – é ser oportunista! Esta posição não exprime somente a coerência necessária entre nossos atos e nossas ideias – patenteia também de nossa parte um grande interesse pela ordem posterior da sociedade.

Porque sabemos que a República se fará hoje ou amanhã, fatalmente como um corolário de nosso desenvolvimento; hoje, calma, científica, pela lógica, pela convicção: amanhã...

...Amanhã será preciso quebrar a espada do senhor Conde d'Eu.

V

Referindo-se ultimamente a certos preceitos de higiene moral, nos quais baseava as suas convicções, um democrata ilustre estabeleceu o diagnóstico de uma moléstia assustadora, misteriosa, horrível e de há muito localizada profundamente no organismo da pátria.

A sua denominação não é nova; há 300 anos, Descartes, a fim de definir claramente uma separação desnecessária entre a atividade e a atividade propriamente animal – sobre ela apresentou uma teoria paradoxal – que não conseguiu se avolumar, destruída por Flourens e Montaigne.

Não pretendemos regenerá-la, damos-lhe uma orientação; o que Descartes anunciava como coexistente com a essência íntima das coisas – apresentamos como uma coisa anormal; o que ele aplicava aos animais, aplicamos ao homem; ele fez daquilo um fato positivo e natural – nós temo-lo como uma moléstia – um deplorável estado patológico.

Ante ela toda a ação da terapêutica se nulifica, os melhores experimentadores recuam impotentes; no entanto, faz mais vítimas que o cólera e atrofia mais do que a sífilis.

Transmitindo-se pelo contato, assume o caráter generalizado de uma epidemia medonha; por uma espécie assustadora de endosmose infiltra-se, não em nosso organismo, em nossa alma – à proporção que ela esvazia-se de todos os princípios elevados e fortificantes da virtude, com a qual se incompatibiliza.

Aniquila a um tempo o cérebro e o coração.

Para alimentá-la, voraz e inexorável – faz-se necessário o sacrifício espantoso das ideias, das mais sagradas ilusões, dos sonhos os mais brilhantes e elevados, violam-se os preceitos austeros da virtude e afogam-se as expansões indomáveis do brio; quando, afinal, nada disto mais existe, ela completa o seu curso sinistro, o indivíduo fica materialmente completo – a vida, porém, traduz-se apenas na vibração mecânica dos nervos e resta uma coisa mais triste e mais dolorosa que a decomposição do organismo, a decomposição do caráter!

Atingido por ela, tendo-a, sinistra, localizada na alma, o paciente, em geral, manifesta-se feliz; tem a cômoda despreocupação dos que não podem pensar, dos que não sabem sentir; adquire ante as reações constantes e contínuas da vida, a impassibilidade feliz dos eunucos; enfrenta imperturbável o perigo de todas as posições; na tribuna – assume a postura teatral de Mirabeau, ruge como Danton, finge pensar como Condorcet e imita a tranquilidade soberana e nobre de Vergniaud; na imprensa, reveste-se à vontade das lantejoulas do estilo, dá aos períodos as ondulações caprichosas e suaves das serpentes, caracteriza-se de Rochefort e exprime-se violentamente, sabe ser irônico como Alphonse Karr e procura tranquilamente imitar o brilhantismo de Girardin; em todos os ramos da atividade aparece revestido de um vigor aparente, feliz, brilhante, ruidoso...

No entanto, está morto.

Toda a sua ação, reflexa – é inconsciente; a sua voz, existe na existência de outras vozes – é um eco; os seus atos, longe de exprimirem uma função de sua vontade, indicam a existência de outros atos; não raciocina, não fala, recita; não vive – move-se, agita-se fervorosamente, enquanto as células cerebrais conservam-se friamente imóveis e o coração oscila-lhe no peito, mecanicamente, com a insensibilidade material de um pêndulo. Esta epidemia existe, está entre nós – vimo-la ontem, ostensivamente, ao entrarmos na sala das sessões da Assembleia Provincial. Sentimos os seus germes destruidores no ambiente onde pairava, grandiosa e violenta, a vibração da palavra brilhante do Dr. Campos Sales. Vimos, claramente, agitarem-se em frente às suas vítimas, revestidos dos movimentos bruscos e inconscientes dos cadáveres impulsionados pela galvanoplástica.

Pairava-lhes em torno, a expansão invencível e brilhante das ideias mais generosas de nosso tempo e enquanto os corações revelavam-se comovidos, apaixonada e altiva a lógica do Dr. Prudente de Morais – rígida e inteiriça como o seu caráter – levava de vencida os velhos expedientes que tantas vezes antolham-se às discussões sérias; toda aquela gente obedecia a um mecanismo oculto – impassível, aniquilada – morta.

Esta sombria moléstia tem um nome – automatismo.

VI

A anarquia...

Arrebatados na corrente prodigiosa das novas ideias, e dos novos ideais, na vertigem de uma queda iminente, os advogados da grande causa perdida que se nos antepõem apegam-se a esta palavra com uma sofreguidão de náufragos; ela constitui a posição de equilíbrio dos movimentos desordenados das suas ideias, e quando – na imprensa ou na tribuna – a inteligência extingue-se-lhes afogada no próprio vazio dos períodos, numa tristíssima pobreza de argumentos sérios – é ela ainda que consegue levantá-los aos nível da discussão.

Diante das ideias que tonificam vigorosamente o organismo da pátria, e que se traduzem no movimento ascensional, deslocam-na assustadora e imensa, provocando a discórdia no seio das instituições, opondo tropeços à administração do governo, estabelecendo o antagonismo dos interesses, destruindo o crédito, exaurindo as fontes de trabalho, obscurecendo as noções elevadas da justiça e perturbando lamentavelmente a serenidade da consciência pública. Em falta de inteligência, expandem amplamente a imaginação – pintam-na inteiramente estendida por toda a vastidão do país, destruindo a coesão que deve presidir aos esforços das classes laboriosas, empanando o brilho imaculado das leis, ameaçando o presente pela dispersão violenta de todos os elementos de ordem; levando ainda além a sua missão maldita; insinuando-se no seio das academias – ameaçando o futuro...

E atribuem-na aos republicanos.

Quanta injustiça, porém, em tudo isto. Nós podíamos perfeitamente levantar esta palavra que se nos atira como um argumento inquebrável; podíamos revestir-nos do título de anarquistas, como revestimo-nos altivamente do qualificativo nobilíssimo de revolucionários – bastava-nos para isto um apelo à lógica invencível do pensador mais original do nosso século – Proudhon – e, embora paradoxal a teoria que ele sustenta, abroquelados nela, seríamos invencíveis ante a força liliputiana dos que nos atacam.

Não o queremos, porém – reconhecemos também que a anarquia, justamente pelo fato de se aproximar da liberdade absoluta – não pode existir porque não deve existir; a própria orientação filosófica que possuímos impõe-nos a todo instante a subordinação racional às leis; ante o estado atual da civilização, reconhecemos que o mais livre não é o mais assomado e sim o mais inteligente; a consciência do homem moderno forma-se pela subordinação constante de sua inteligência às leis positivas da ciência e atualmente revolta-se contra o que está racionalmente estabelecido; indica, antes de tudo – ignorância.

Na posição em que nos achamos nivelados, pela altitude de nossas ideias, à civilização do nosso tempo, inteiramente subordinados às leis que regulam o desenvolvimento natural da sociedade, somos por certo revolucionários, porque a força que transmitimos ao sistema social, em conflito com a sua deplorável fraqueza – produz naturalmente a perturbação, o desequilíbrio.

Isto, porém, justamente porque exprime uma revolta contra o estado atual das coisas, patenteia uma elevada e digna subordinação aos princípios que racionalmente regulam a organização e desenvolvimento de nossa pátria.

A anarquia não parte de nosso lado; deriva-se da nossa ação, é certo – mas justamente por isso, como reação, nos é oposta; ela é que nos ataca – nas ruas, no parlamento e na imprensa – com a brutalidade dos capangas, como as injúrias inconscientes dos pseudo-representantes da pátria e com a descortesia escandalosa dos jornalistas sem critério.

A anarquia não penetrou nas academias, insinuando-se no ânimo da mocidade; desde a matemática à sociologia, toda a ciência opõe-se-lhe vitoriosamente, cada página dos livros é-lhe uma barreira insuperável, podem nelas existir talvez revolucionários, altivos e audazes, temperamentos que se expandem violentamente, altivamente e dignamente, e falamos por experiência própria – mas quando isto se dá, quando se manifesta esse desequilíbrio lamentável entre as paixões e as ideias, por sobre o delírio espantoso de nossa alma, se alevantam serenos e imaculados os grandes ideais que a iluminam, como se alevantam tranquilos e grandes os brilhos das constelações sobre o delírio pavoroso das tempestades...

VII

Sem cedermos de nossas convicções, antes subordinados a elas, inteiramente, afirmamos, com os nossos adversários, que o partido republicano não existe. De fato, não restringimos as nossas ideias a um tão estreito círculo de ação; entre as forças que nos alentam – por escusado temos demonstrar – que não entram as que efêmeras e frágeis se adaptam, contudo, melhor à existência de uma parcialidade política.

A nossa evolução mental precedeu necessariamente a um elevadíssimo desenvolvimento emocional e por isso as nossas próprias paixões têm um caráter mais geral e mais nobre.

Não constituímos uma agremiação de indivíduos, que impele violentamente uma opinião para esmagar um trono – afastamo-nos deste pelo impulso de uma ideia. Certos, profundamente convictos, de que o regímen atual é em sua essência estacionário, para destruí-lo, para livrarmo-nos dele, basta-nos uma coisa simplíssima – fazer caminhar a pátria!...

Somos alguma coisa mais que um partido, embora relativamente pouco numerosos, aumentados pela extensão dos princípios e pela sua generalidade, podemos afirmar – sem que se veja nisso um exagero de frase – que constituímos a molécula integrante de uma nova sociedade...

A propaganda republicana teoricamente tem, antes de tudo, o caráter doutrinário de um apostolado; cingida do sistema geral de seus princípios, tem para impeli-la a força que se deriva da inteira adaptação destes às necessidades atuais; empiricamente, longe de exprimir a atividade de uma facção partidária, é o reflexo, no mundo político, de um movimento social ou, antes, de uma transformação; como tudo na natureza, as nacionalidades se transformam e ela representa o estado intermédio, de transição – entre uma decomposição e uma recomposição.

De fato, obedecendo à própria lei da concorrência vital, que preside ao desenvolvimento universal da vida, há, sob os brilhos da constelação do Cruzeiro – uma sociedade que se decompõe, à proporção que em seu próprio seio, mais robusta e maior, uma outra se desenvolve.

Como os indivíduos e numa escala maior – as nacionalidades obedecem fatalmente às exigências sempre crescentes da vida, e, nesse combate eterno e prodigioso, em que têm de apelar para todos os ramos da atividade, concorrendo violentamente com os que, por demasiado fracos, se inabilitam à realização de seus elevados destinos, abdicam forçadamente da própria existência.

À nossa nacionalidade – confessamos pesarosamente – nunca foi necessário o apelo à própria energia para viver, enquanto ao resto das nações, o futuro constituía um problema imenso, ante o qual tornava-se-lhes indispensável, constantemente, enrijar a própria organização, na rudeza disciplinadora dos trabalhos industriais, a que precedem forçosamente os esforços da inteligência; protegida pela natureza, bastava-lhe – para viver – adotar a forma primitiva da atividade humana. Além disto, barbarizada e egoísta, assumiu ante o movimento geral da civilização uma posição singular, divorciando-se da humanidade por meio de um escândalo – a escravidão; perdendo assim o movimento progressista do conjunto, desprotegida ante o maquiavelismo de uma velha política, automatizada, sem energia própria, movendo-se sem progredir, circularmente, ao impulso das tradições – em torno de uma dinastia – pela própria natureza desse movimento, adquiriu como única força a repulsão aos elevados princípios que tendiam a impulsioná-la retilineamente para o futuro. Durante todo este século cresceu, não pelo íntimo desenvolvimento de sua organização – mas por superposição de camadas, como os corpos inorgânicos, sem que atestasse nisso um acréscimo de vida – e hoje, assoberbada pela própria grandeza de um destino que não pôde realizar, terá de refundir-se à luz vivificante dos novos ideais e reviver unicamente no que tiver de bom em uma outra mais robusta e digna.

A sua sorte acha-se de todo aliada à da monarquia e quando, amanhã, partido o último dente da medonha engrenagem política, que há tempo realiza a inglória tarefa do esmagamento completo das grandes ideias – aquela cair – o advento da República não indicará a vitória de um partido – exprimirá o renascimento de uma sociedade.

VIII

Decididamente, fazemos mal em levar a sério a reação contra os acontecimentos atuais.

Nessa jornada ideal para o futuro – cadenciada ao ritmo febril de nossos corações – chegamos a crer que não fica bem – a nós, moços – esse tom dogmático e austero, antes a hilariante degringolada do velho regímen.

Por que esta razão, ante os velhos La Palisse dessa nossa política, homens que nas proximidades do túmulo tão bem sabem rir e desfrutar a vida – havemos de enterrar nas rugas prematuras da fronte as encantadoras fantasias da mocidade?

Não, decididamente não nos serve a compostura rígida e impenetrável; a frase meditada e severa; a sinceridade na emissão grandiosa das ideias e a espontânea e desassombrada fraqueza – para combater essa gente.

Ante ela, não vale realmente a pena a gravidade sistemática que adotamos e que envelhece a nossa mocidade. É preciso que a compartilhemos também um pouco da salutar alacridade que anima; que demos ao estilo a flexibilidade interessante dos acrobatas e dos cortesãos; que façamos espírito sobre as ruínas da pátria; que estabeleçamos larga importação de calembourgs, dentro dos romances franceses e lancemos também ao trapézio ideal da fantasia, como um clown destemido, o pensamento tão precocemente levado aos retiros tristonhos da meditação...

Ante o estado atual das coisas, para que ridicularizamos as próprias paixões; para que criarmos impiedosamente o descrédito das próprias mágoas?...

Ainda há pouco, ao sabermos do malogro da conferência que pretendia realizar um médico ilustre – o qual tem a imensa infelicidade de ser republicano –, sentimo-nos assoberbados pela violência da maior indignação e expandimo-la amplamente sobre muitas folhas de papel, através das mais severas considerações e do contínuo estrepitar de uns adjetivos virulentos, fulminantes. Foi um trabalho perdido. Raciocinado com mais espírito, vimos nesse acontecimento um fato naturalíssimo.

É exato que a nossa Constituição estabelece plena liberdade de pensamento, mas ela, que nos foi imposta pela insignificante espada de um pequeno Bonaparte, bem pode ser violada pelo cacete, talvez mais forte, de qualquer capanga. Longe vai o tempo que – aterrorizados pelas visagens truanescas dos corifeus governamentais, pensávamos na expansão violentíssima das grandes almas revolucionárias e heroicas. Chegamos a sentir necessidade de um Danton – tempestuoso e nobre – capaz de transmitir ao povo, através da fortaleza de sua palavra, todo o vigor de seu temperamento: evocamos mentalmente os vultos lendários quase das grandes revoluções; mas hoje, melhor orientados, temo-los por desnecessários.

A velha sociedade extingue-se naturalmente, comicamente até, e se há alguém cuja presença devesse se achar em meio dos acontecimentos atuais, esse é o grande gênio da alta comédia – Molière...

Assim, pois, sintamo-nos felizes como toda gente.

Afirmam, por aí, que somos poucos, que nos achamos sós; ainda bem, alentados pela serenidade imperturbável e boa dos fortes, assistamos ao interessante espetáculo do nosso mundo político, sós e bem altos – da eminência fulgurante do ideal...

1º DE MAIO DE 1892

1º de maio de 1892

EXTRAORDINÁRIO amanhecer o de hoje nas velhas capitais da Europa...

Como que assaltada por uma síncope, subitamente, se paralisa a complicadíssima vida da mais alta civilização; todo o movimento das grandes sociedades, toda a espantosa atividade de um século e a admirável continuidade dessa existência moderna tão poderosa e tão vasta, se extinguem, aparentemente, esvaindo-se em vinte e quatro horas de inatividade sistemática.

Abandonam os cérebros dos políticos os interesses nacionais mais urgentes; desaparecem por um dia todas as fronteiras; reconciliam-se incorrigíveis ódios seculares de governos – e aqueles exércitos formidáveis, que a todo instante ameaçam abalar a civilização, num espantoso duelo, formam silenciosos, pela primeira vez, sob uma mesma bandeira...

Tudo isto porque o anônimo extraordinário que é o maior colaborador da história, o Povo, que trabalha e que sofre – sempre obscuro –, entende, nessa festiva entrada da primavera, deixar por momentos as ásperas ferramentas e sonhar também como os felizes, pensar, ele que só tem um passado, no futuro.

O escravo antigo, que ia nos circos romanos distrair o humor tigrino dos reis, num pugilato desigual e trágico com as feras; o servo da gleba, o vilão cobarde que atravessou a Idade Média, à sombra dos castelos sob o guante do feudalismo; que tem alimentado com o sangue a alma destruidora das guerras; ele – a matéria-prima de todas as hecatombes, seguindo sempre acurvado a todos os jugos – transfigura-se realmente, alentado por uma aspiração grandiosa e apresenta esta novidade à história – pensa!

Deu todas as energias ao progresso humano, sempre inconsciente da própria força, e quando no fim do século XVIII uma grande aura libertadora perpassou a terra, ele se alevantou, aparentemente apenas – para trazer, às costas, até os nossos dias – a burguesia triunfante.

Cansado de escutar todas as teorias dos filósofos ou os devaneios dos sonhadores, que de há muito intentam-lhe a regeneração – desde os exageros de Proudhon às utopias de Luís Blanc –, ele inicia por si o próprio alevantamento.

E para abalar a terra inteira basta-lhe um ato simplíssimo – cruzar os braços.

E que triste e desoladora perspectiva esta – de vastas oficinas e ruidosas fábricas desertas, sem mais a movimentação fecunda do trabalho – e as profundas minas, abandonadas, abrindo para os céus as gargantas escuras – num tenebroso bocejo...

*

Se entrarmos na análise dos cambiantes que tem assumido o socialismo, temo-lo como uma ideia vencedora.

O quarto estado adquirirá, por fim, um lugar bem definido na vida universal.

Nem se lhe faz para isso preciso agitar o horror da anarquia ou fazer saltar a burguesia a explosões de dinamite. Fala todas as línguas e é de todas as pátrias.

Toda a sua força está nessa notável arregimentação, que ora desponta à luz de uma aspiração comum; a anarquia é justamente o seu ponto vulnerável – quer se defina por um caso notável de histeria – Luísa Michel, ou por um caso vulgar de estupidez – Revachol.

Não existe, talvez, um só político proeminente hoje, que se não tenha preocupado com esse grave problema – e o mais elevado deles, o menos inglês dos pensadores britânicos, Gladstone, cedendo à causa dos home-rulers o espírito robusto – é, verdadeiramente, um socialista de primeira ordem.

Realmente, a vitória do socialismo bem entendido exprime a incorporação à felicidade humana dos que foram sempre dela afastados. Em nossa pátria – moça e rica – chegamos às vezes a não o compreender – transportando-nos porém aos grandes centros populosos, observando todas as dificuldades que assoberbam a vida ali, sentimos quão criminosa tem sido a exploração do trabalho. Ali, aonde o operário mal adquire para a base material da vida, a falsíssima lei de Malthus parece se exemplificar ampla e desoladora. Preso a longas horas de uma agitação automática, além disso cerceado da existência civil, o rude trabalhador é muito menos que um homem e pouco mais que uma máquina...

*

Os governos da Europa hão de transigir porém; hão de entabular os preliminares da paz, pelas concessões justas e inevitáveis que terão de fazer.

Nós assistimos ao espetáculo maravilhoso da grande regeneração humana.

Pela segunda vez se patenteia, na História, o fato de povos que se fundem num sentimento comum – e não sabemos qual mais grandioso, se o quadro medieval das Cruzadas, ou se esta admirável cruzada para o futuro.

Seja qual for este regímen por vir, traduza-se ele pela proteção constante do indivíduo pela sociedade, como pensa Spencer, ou pelas inúmeras repúblicas, em que se diferenciará o mundo, segundo acredita Aug. Comte – ele será, antes de tudo, perfeitamente civilizador.

Que se passe sem lutas este dia notável. O socialismo, que tem hoje uma tribuna em todos os parlamentos, não precisa de se despenhar nas revoltas desmoralizadas da anarquia.

Que saia às ruas das grandes capitais a legião vencedora e pacífica; e levante altares à esperança, nessa entrada iluminada de primavera, sem que se torne preciso ao glorioso vencido – o Exército – abandonar a penumbra em que lentamente emerge à medida que sobe a consciência humana.

PROGRAMA DE *O PROLETÁRIO* E MENSAGEM AOS TRABALHADORES

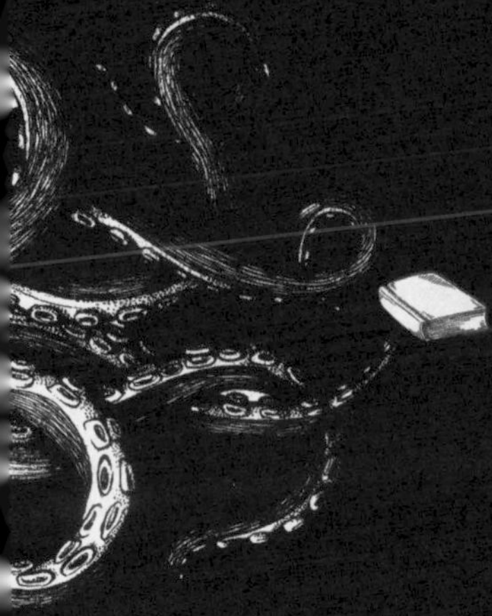

PROGRAMA DE O PROLETÁRIO E MENSAGEM AOS TRABALHADORES[3]

I. Proibição do trabalho das crianças de qualquer dos sexos até a idade de 14 ou 15 anos.

II. Escolas gratuitas, com o ensino leigo e obrigatório para todas as crianças, sem distinção de sexo, de cor e de nacionalidade, tendo as crianças pobres todo o necessário para frequentar as escolas: roupa, comida, cuidados médicos, farmácias, etc, etc.

III. Estabelecimentos apropriados para recolher os inválidos do trabalho, pobres, velhos e defeituosos, dando-lhes com abundância roupa, comida, médico, farmácia, etc., para não irem morrer nas enxergas dos hospitais e nos adros das igrejas, ou nas calçadas das ruas, implorando aviltadora caridade, ministrada pelos ricos, e remédios.

IV. Emancipação da mulher, reconhecendo-se-lhes iguais direitos e iguais deveres aos do homem, inclusive o de votar e ser votadas.

---

3 *O Proletário,* órgão do Clube Democrático Internacional Filhos do Trabalho. São José do Rio Pardo, 1 maio 1899.

V. Impostos diretos e pesadíssimos sobre a renda.

VI. Substituição das forças armadas pelo povo armado.

VII. Organização do trabalho por ser o único fator da riqueza.

VIII. Estabelecimento de bolsas de trabalho.

IX. Proporcionar a preços módicos a cada família uma casa confortável para sua residência.

X. Fornecer água e luz grátis a todos em geral.

XI. Tribunais arbitrais obrigatórios para as questões internacionais.

XII. Justiça gratuita para todos.

XIII. Supressão dos empréstimos internos e externos.

XIV. Tribunais arbitrais para decidir as questões entre patrões e operários.

XV. Decretar leis de oito horas de trabalho e a proibição do trabalho à noite para os assalariados.

XVI. Leis repressivas contra os usurários, estabelecendo uma só taxa de juros para todos os negócios.

XVII. Nacionalização do crédito.

XVIII. Leis reguladoras da venda de bebidas, para acabar com o alcoolismo.

XIX. Leis que estabeleçam o divórcio, dando à mulher as mesmas garantias que ao homem.

XX. Pensão aos inválidos do trabalho.

XXI. Reinvindicação dos bens do clero para a comunhão social.

A MENSAGEM

...FESTA EXCLUSIVAMENTE POPULAR, ela se destina a preparar o advento da mais nobre e fecunda das aspirações humanas: a reabilitação do proletariado pela exata distribuição da justiça, cuja fórmula suprema consiste em dar a cada um o que cada um merece. Daí a abolição dos privilégios derivados quer do nascimento, quer da fortuna, quer da força. Para esse fim é mister promover a solidariedade entre todos os que formam a imensa maioria dos oprimidos sobre que pesam as grandes injustiças das instituições e preconceitos sociais da atualidade, destinados a desaparecer para que reine a paz e a felicidade entre os povos civilizados. Promovendo, entre nós, a comemoração de uma data tão notável, o clube "Filhos do Trabalho" promoverá a divulgação dos princípios essenciais do programa socialista, empenhando-se em difundi-los entre todas as classes sociais.

UM VELHO PROBLEMA

UM VELHO PROBLEMA[4]

LI HÁ TEMPOS alentada dissertação sobre um singularíssimo direito expresso em velhas leis consuetudinárias da Borgonha. Direito de roubo...

Recordo-me que, surpreendido com tal antinomia, tão revolucionária, sobretudo para aquela época, ainda mais alarmado fiquei notando que a patrocinava o maior dos teólogos, S. Tomás de Aquino; e com tal brilho e cópia de argumentos, que a perigosa tese repontava com a estrutura inteiriça de um princípio positivo. Realmente a repassava uma nobre e incomparável piedade, fazendo que aquela extravagância resumisse e espelhasse um dos aspectos mais impressionadores da justiça.

Tratava-se, ao parecer, de um código da indigência; e os graves doutores, no avantajarem-se tanto, rompendo com nobre rebeldia as barreiras da moral comum, para advogarem a causa da enorme maioria de espoliados, chegavam à conclusão de que a opulência dos ricos se traduzia como um delitum legale, um crime legalizado. Impressionava-os o problema

4 *O Estado de São Paulo*, SP, 1 maio 1904.

formidável da miséria na sua feição dupla – material e filosófica – pois é talvez menos doloroso refletido nos andrajos das populações vitimadas, que na triste inopia de elementos da civilização para o resolver.

E como lhes faleciam, mais do que hoje nos falecem, elementos para a extinção do qual, justificavam aos desvalidos num crudelíssimo título de posse a todos os bens – a fome.

O indigente tornava-se um privilegiado afrontando impune toda a ortodoxia econômica. O roubo transmudava-se, do mesmo passo, num direito natural de legítima defesa contra a Morte e num dever imperioso para com a Vida.

Mas não foram além deste expediente, e dessas declamações, os piedosos doutores. Tolhia-os, senão a situação mental da Idade Média imprópria a uma apreciação exata do conjunto do progresso humano, a mesma ditadura espiritual do catolicismo, na plenitude de força, e para o qual a miséria – eloquentíssima expressão concreta do dogma do pecado original – era sempre um horroroso e necessário capital negativo, avolumando-se com as provações e com os martírios para a posse anelada da bem-aventurança, nos céus...

Por outro lado, os pensadores leigos do tempo, e os que os encalçaram até ao século XVIII, não partiram esta tonalidade sentimental. Mais sonhadores que filósofos, o que nos atraía era o lado estético do infortúnio, a visão empolgante do sofrimento humano, a que nos associamos sempre pela piedade. Os seus livros, pelos próprios títulos hiperbólicos, à maneira dos das novelas do tempo, retratam uma intervenção brilhante e imaginosa, mas inútil. São como títulos de poemas. De fato, na Utopia de Thomás Morus, na Oceana de Hallis, ou na Basiliade de Morelly, a perspectiva de uma existência melhor, oriunda da riqueza equitativamente distribuída e dos privilégios extintos, irrompe num fervor de ditirambos, aos quais não faltam, para maior destaque, prólogos arrepiadores de agruras e tormentas indescritíveis...

As medidas propostas raiam pelos exageros máximos da fantasia: do nivelamento absoluto de João Libburne, ao platonismo adorável de Fontenelle e ao niilismo religioso de Diderot; e para lhes não faltar grotesco, esse cruel e antilógico grotesco imanente às mais trágicas situações, culmina-as o desvairado comunismo de Campanella com os seus trezentos monges, trezentos ascetas barbudos e melancólicos, tentando uma república igualitária que seria o desabamento de todas as conquistas do progresso.

Ora, tudo isto caracteriza bem o completo desequilíbrio das almas rudemente trabalhadas pelas doutrinas opostas e de todo despercebidas, então, de uma síntese filosófica que ao mesmo passo as emancipasse do apego tradicional ao catolicismo, cuja missão findara, e dos impulsos demolidores da metafísica triunfante.

Assim, ao arrebentar a crise decisiva de 1789, não é de estranhar ficasse inapercebido, e talvez sacrificado, o grande problema que desde Pitágoras e Platão vinha agitando os espíritos. É que a grande revolução, inspirada pela filosofia social do século XVIII, oferece o espetáculo singular de repudiar, desde os seus primeiros atos, os seus próprios criadores. A consideração de Guizot é profunda: nunca uma filosofia aspirou tanto ao governo do mundo e nunca foi tão despida de império.

Os filósofos foram, de pronto, suplantados, na agitação revolta dos panfletos e da retórica explosiva dessa literatura política sempre efêmera, com ser modelada pelos desvarios repentinos da multidão. À sólida estrutura mental de um d'Alembert antepôs-se o espírito imaginoso e pueril de um Vergniaud, e aos sonhos desmedidos de Mably o excesso de objetivismo do trágico casquilho que passeou pelas ruas de Paris a deusa da Razão...

De sorte que a última pancada do antigo regímen – já longamente solapado e prestes a cair por si mesmo – se fez com excesso de energias que atirou sobre os destroços da ordem antiga as ruínas da ordem nova planeada. Exclusivamente atraída pelo programa, que se lhe figurava enorme e pouco valia, de derruir as classes privilegiadas, a Revolução firmou, nos "direitos do homem", um duro individualismo que na ordem espiritual significava a negação dos seus melhores princípios e na ordem prática equivalia a destruir as corporações populares, isto é, a única criação democrática da Idade Média.

"Os direitos do homem... No entanto, a fórmula superior daquela filosofia, visava, de preferência, através da solidariedade humana crescente, exatamente o contrário – os deveres do homem". Mas era exigir muito à loucura política do momento. Fazia-se mister, antes de tudo, que as franquias recém-adquiridas tivessem um traço incisivamente antiaristocrático. Que o camponês, absolutamente livre, fosse absolutamente dono da quadra de terra onde nascera e onde tanto tempo jazera aguilhoado à gleba feudal; enquanto o burguês das cidades pudesse agir libérrimo, dispondo a bel-prazer de todos os seus bens, despeado do liame das jurandes.

E o trono vazio dos Capetos teve em roda a concorrência tumultuária de não sei quantos milhões de liliputinianos reis...

Despojados o clero e a aristocracia de suas propriedades (não raro precárias como privilégios sujeitos aos caprichos do poder monárquico) ficou em seu lugar – intangível, absoluta e sacratíssima – a propriedade burguesa, para a qual o ilustre Condorcet não encontrara limites no texto que forneceu à Convenção.

Por isto, a breve trecho, se patenteou a inanidade das reformas executadas: ao invés de um número de privilegiados, nos quais o egoísmo se atenuava com as tradições cavalheirescas da nobreza, um outro, maior e formado pela burguesia vitoriosa, mais inapta ainda a compreender a missão social da propriedade, ávida por dominar na arena livre que se lhe abria, e tornando maior o contraste entre a sua opulência recente e a situação inalterável do proletariado sem voto naquele tumulto e destinada apenas a colaborar anonimamente na epopeia napoleônica, quando em breve, culminando a catástrofe revolucionária, o mais pequenino dos grandes homens surgisse, concretizando a reação disfarçada do antigo regímen, e fosse restaurar, entre os fulgores de uma glória odiosa, o anacronismo da atividade militar.

Destruída desta maneira a obra memorável da Convenção, vê-se, contudo, que ela tinha latentes e aguardando apenas um meio propício, os princípios de uma distribuição mais equitativa da fortuna. Para o rígido Camus a propriedade

não era um direito natural, era um direito social; acompanhava-o neste conceito o romântico Saint-Just; e sobre todos, mais incisivamente, num dizer claríssimo que lhe dá as honras de um precursor do coletivismo moderno, o incomparável Mirabeau atirava na anarquia das assembleias estas palavras singularmente austeras:

Le proprietaire n'est lui-même que le premier des salariés. Ce que nous appellons vulgairement la proprieté n'est autre chose que le prix qui lui paye la societé pour les distribuitions qu'il est charge de faire aux autres individus par ses consommations et ses depenses. Les proprietaires sont les agents, les economes du corps social.

Estas frases admiráveis, porém, que ainda hoje, transcorridos cento e tantos anos, são a síntese de todo o programa econômico de socialismo, ninguém as escutou. De modo que à massa infelicíssima do povo, a quem a revolução libertara para a morte despeando-a da gleba para jungi-la ao carro triunfal de um alucinado, restavam ainda, como nos velhos tempos, apenas as fórmulas enérgicas, mas inócuas, de alguns doutores canonizados; e em pleno repontar do século XIX – quando a filosofia natural já aparelhara o homem para transfigurar a terra – um triste, um repugnante, um deplorável, e um horroroso direito: o direito do roubo...

*

Mas esta mesma filosofia natural, tão crescentemente revigorada e favorecendo tanto, no século que passou, o ascendente industrial, era por si mesma – isolada no campo das suas investigações – inapta à verdadeira solução do problema. Dizem-no os insucessos de todos os que o consideraram esteando-se nela, das estupendas utopias de Saint-Simon e dos seus extraordinários discípulos, às alienações de Proudhon, às tentativas bizarras de Fourier e ao soçobro completo da política de Luís Blanc.

Fora logo acompanhá-los. Se o fizéssemos, veríamos que, malgrado todos os recursos das ciências, eles pouco se avantajaram aos sonhadores medievais: o mesmo agitar de medidas fantásticas, e tão radicais, algumas, abalando tanto os fundamentos da sociedade, a começar pela organização da família, que acarretavam ante novos elementos perturbadores e novas faces à questão, dando-lhe um caráter por igual revolucionário e complexo capaz de a tornar perpetuamente insolúvel.

*

Assim ela chegou até meados do último século – até Karl Marx – pois foi, realmente, com este inflexível adversário de Proudhon que o socialismo científico começou a usar uma linguagem firme, compreensível e positiva.

Nada de idealizações: fatos; e induções inabaláveis resultantes de uma análise rigorosa dos materiais objetivos; e a experiência e a observação, adestradas em lúcido tirocínio ao través das ciências inferiores; e a lógica inflexível dos acontecimentos; e essa terrível argumentação terra-a-terra, sem tortuosidades de silogismos, sem o idiotismo transcendental da velha dialética, mas toda feita de axiomas, de verdadeiros truísmos, por maneira a não exigir dos espíritos o mínimo esforço para a alcançarem, porque ela é quem os alcança independentemente da vontade, e os domina e os arrasta com a fortaleza da própria simplicidade.

A fonte única da produção e do seu corolário imediato, o valor, é o trabalho. Nem a terra, nem as máquinas, nem o capital, ainda coligados, os produzem sem o braço do operário. Daí uma conclusão irredutível: – a riqueza produzida deve pertencer toda aos que trabalham. E um conceito dedutivo: o capital é uma espoliação.

Não se pode negar a segurança do raciocínio.

De feito, desbancada a lei de Malthus, ante a qual nem se explicaria a civilização, e demonstrada a que se lhe contrapõe consistindo em que

cada homem produz sempre mais do que consome persistindo os frutos do seu esforço além do tempo necessário à sua reprodução,

– põe-se de manifesto o traço injusto da organização econômica do nosso tempo.

A exploração capitalista é assombrosamente clara, colocando o trabalhador num nível inferior ao da máquina. De fato, esta, na permanente passividade da matéria, é conservada pelo dono; impõe-lhe constantes resguardos no trazê-la íntegra e brunida, corrigindo-lhe os desarranjos; e quando morre – digamos assim – fulminada pela pletora da força de uma explosão, ou debilitada pelas vibrações que lhe granulam a musculatura de ferro, origina a mágoa real de um desfalque, a tristeza de um decrescimento da fortuna, o luto inconsolável de um dano. Ao passo que o operário, adstrito a salários escassos demais à sua subsistência, é a máquina que se conserva por si, e mal; as suas dores recalca-as forçadamente estoico; as suas moléstias, que, por uma cruel ironia, crescem com o desenvolvimento industrial – o fosforismo, o saturnismo, o hidrargirismo, o oxicarborismo – cura-as como pode, quando pode; e quando morre, afinal, às vezes subitamente triturado nas engrenagens da sua sinistra sócia mais bem aquinhoada, ou lentamente – esverdinhado pelos sais de cobre e de zinco, paralítico delirante pelo chumbo, inchado pelos compostos do mercúrio, asfixiado pelo óxido carbônico, ulcerado pelos cáusticos dos pós arsenicais, devastado pela terrível embriaguez petrólica ou fulminado por um *coup de plomb* – quando se extingue, ninguém lhe dá pela falta na grande massa anônima e taciturna, que enxurra todas as manhãs à porta das oficinas.

Neste confronto se expõe a pecaminosa injustiça que o egoísmo capitalista agrava, não permitindo, mercê do salário insuficiente, que se conserve tão bem como os seus aparelhos metálicos, os seus aparelhos de músculos e nervos; e está em grande parte a justificativa dos socialistas no chegarem todos ao duplo princípio fundamental:

Socialização dos meios de produção e circulação;

Posse individual somente dos objetos de uso.

Este princípio, unanimemente aceito, domina toda a heterodoxia socialista – de sorte que as cisões, e são numerosas, existentes entre eles, consistem apenas nos meios de atingir-se aquele objetivo. Para alguns, e citam-se apenas João Ligg e Ed. Vaillant, os privilégios econômicos e políticos devem cair ao choque de uma revolução violenta. É o socialismo demolidor que, entretanto, menos aterroriza a sociedade burguesa. Outros, como Emílio Vendervelde, se colocam numa atitude expectante: as reformas serão violentas ou não, segundo o grau de resistência da burguesia. Finalmente, outros ainda – os mais tranquilos e mais perigosos – como Ferri e Colajanni, corretamente evolucionistas, reconhecendo a carência de um plano já feito de organização social capaz de substituir, em bloco, num dia, a ordem atual das coisas, relegam a segundo plano as medidas violentas, sempre infecundas e só aceitáveis transitoriamente, de passagem, num ou noutro ponto, para abrirem caminho à própria evolução.

Ferri, em belíssimo paralelo entre o desenvolvimento social e o terrestre, mostra como os imaginosos cataclismos de Cuvier, perturbaram, sem efeito, a geologia para explicarem transformações que se realizam sob o nosso olhar, sendo os grandes resultados, que mal compreendemos no estreito círculo da vida individual, uma soma de efeitos parcelados acumulando-se na amplitude das idades do globo. Deslocando à sociedade este conceito, aponta-nos o processo normal das reformas lentas, operando-se na consciência coletiva e refletindo-se pouco a pouco na prática, nos costumes e na legislação escrita, continuamente melhoradas.

Nada mais límpido. Realmente, as catástrofes sociais só podem provocá-las as próprias classes dominantes, as tímidas classes conservadoras, opondo-se à marcha das reformas – como a barragem contraposta a uma corrente tranquila pode gerar a inundação.

Mesmo nesse caso, porém, a convulsão é transitória; é um contrachoque ferindo a barreira governamental. Nada mais. Porque o caráter revolucionário do socialismo está apenas no seu programa radical. Revolução: transformação. Para a conseguir, basta-lhe erguer a consciência do proletário, e – conforme a norma traçada pelo Congresso Socialista de Paris, em 1900 – aviventar a arregimentação política e econômica dos trabalhadores.

Porque a revolução não é um meio, é um fim; embora, às vezes, lhe seja mister um meio, a revolta. Mas esta sem a forma dramática e ruidosa de outrora. As festas do primeiro de maio são, quanto a este último ponto, bem expressivas. Para abalar a terra inteira, basta que a grande legião em marcha pratique um ato simplíssimo: cruzar os braços...

Porque o seu triunfo é inevitável.

Garantem-no as leis positivas da sociedade que criarão o reinado tranquilo das ciências e das artes, fontes de um capital maior, indestrutível e crescente, formado pelas melhores conquistas do espírito e do coração...

JUDAS-ASVERO

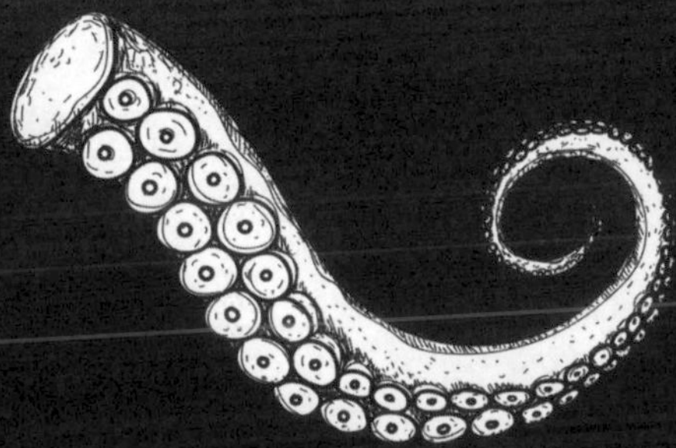

JUDAS-ASVERO

NO SÁBADO de Aleluia os seringueiros do Alto-Purus desforram-se de seus dias tristes. É um desafogo. Ante a concepção rudimentar da vida santificam-se-lhes, nesse dia, todas as maldades. Acreditam numa sanção litúrgica aos máximos deslizes.

Nas alturas, o Homem-Deus, sob o encanto da vinda do filho ressurreto e despeado das insídias humanas, sorri, complacentemente, à alegria feroz que arrebenta cá embaixo. E os seringueiros vingam-se, ruidosamente, dos seus dias tristes.

Não tiveram missas solenes, nem procissões luxuosas, nem lava-pés tocantes, nem prédicas comovidas. Toda a semana santa correu-lhes na mesmice torturante daquela existência imóvel, feita de idênticos dias de penúrias, de meios-jejuns permanentes, de tristezas e de pesares, que lhes parecem uma interminável sexta-feira da Paixão, a estirar-se, angustiosamente, indefinida, pelo ano todo afora.

Alguns recordam que nas paragens nativas, durante aquela quadra fúnebre, se retraem todas as atividades – despovoando-se as ruas, paralisando-se os negócios, ermando-se os caminhos – e que as luzes agonizam nos círios bruxuleantes, e as vozes se amortecem nas rezas e nos retiros, caindo um grande silêncio misterioso sobre as cidades, as vilas e os sertões profundos onde as gentes entristecidas se associam à mágoa prodigiosa de Deus. E consideram, absortos, que esses sete dias excecionais, passageiros em toda a parte e em toda a parte adrede estabelecidos a maior realce de outros dias mais numerosos, de felicidade – lhes são, ali, a existência inteira, monótona, obscura, dolorosíssima e anônima, a girar acabrunhadoramente na vida dolorosa inalterável, sem princípio e sem fim, do círculo fechado das "estradas". Então pelas almas simples entra-lhes, obscurecendo as miragens mais deslumbrantes da fé, a sombra espessa de um conceito singularmente pessimista da vida: certo, o redentor universal não os redimiu; esqueceu-os para sempre, ou não os viu talvez, tão relegados se acham à borda do rio solitário, que no próprio volver das suas águas é o primeiro a fugir, eternamente, àqueles tristes e desfrequentados rincões.

Mas não se rebelam, ou blasfemam. O seringueiro rude, ao revés do italiano artista, não abusa da bondade de seu deus desmanchando-se em convícios. É mais forte; é mais digno. Resignou-se à desdita. Não murmura. Não reza. As preces ansiosas sobem por vezes ao céu, levando disfarçadamente o travo de um ressentimento contra a divindade; e ele não se queixa. Tem a noção prática, tangível, sem raciocínios, sem diluições metafísicas, maciça e inexorável – um grande peso a esmagar-lhe inteiramente a vida – da fatalidade; e submete-se a ela sem subterfugir na cobardia de um pedido, com os joelhos dobrados. Seria um esforço inútil. Domina-lhe o critério rudimentar uma convicção talvez demasiado objetiva, ou ingênua, mas irredutível, a entrar-lhe a todo o instante pelos olhos adentro, assombrando-o; é um excomungado pela própria distância que o afasta dos homens; e os grandes olhos de Deus não podem descer até àqueles brejais, manchando-se. Não lhe vale a pena penitenciar-se, o que é um meio cauteloso de rebelar-se, reclamando uma promoção na escala indefinida da bem-aventurança. Há concorrentes mais felizes, mais bem protegidos, mais numerosos, e, o que se lhes figura mais eficaz, mais vistos, nas capelas, na igreja, nas catedrais e nas cidades ricas onde se estadeia o fausto do sofrimento uniformizado de preto, ou fugindo na irradiação das lágrimas, e galhardeando tristezas...

Ali – é seguir, impassível e mudo, estoicamente, no grande isolamento da sua desventura.

Além disto, só lhe é lícito punir-se da ambição maldita que o conduziu àqueles lugares para entregá-lo, maniatado e escravo, aos traficantes impunes que o iludem – e este pecado é o seu próprio castigo, transmudando-lhe a vida numa interminável penitência. O que lhe resta a fazer é desvendá-la e arrancá-la da penumbra das matas, mostrando-a, nuamente, na sua forma apavorante, à humanidade longínqua...

Ora, para isso, a Igreja dá-lhe um emissário sinistro: Judas; e um único dia feliz: o sábado prefixo aos mais santos atentados, às balbúrdias confessáveis, à turbulência mística dos eleitos e à divinização da vingança.

Mas o monstrengo de palha, trivialíssimo, de todos os lugares e de todos os tempos, não lhe basta à missão complexa e grave. Vem batido demais pelos séculos em fora tão pisoado, tão decaído e tão apedrejado que se tornou vulgar na sua infinita miséria, monopolizando o ódio universal e apequenando-se, mais e mais, diante de tantos que o malquerem.

Faz-se-lhe mister, ao menos, acentuar-lhe as linhas mais vivas e cruéis; e mascarar-lhe no rosto de pano, a laivos de carvão, uma tortura tão trágica, e em tanta maneira próxima da realidade, que o eterno condenado pareça ressuscitar ao mesmo tempo que a sua divina vítima, de modo a desafiar uma repulsa mais espontânea e um mais compreensível revide, satisfazendo à saciedade as almas ressentidas dos crentes, com a imagem tanto possível perfeita da sua miséria e das suas agonias terríveis.

E o seringueiro abalança-se a esse prodígio de estatuária, auxiliado pelos filhos pequeninos, que deliram, ruidosos, em risadas, a correrem por toda a banda, em busca das palhas esparsas e da ferragem repulsiva de velhas roupas imprestáveis, encantados com a tarefa funambulesca, que lhes quebra tão de golpe a monotonia tristonha de uma existência invariável e quieta.

O judas faz-se como se fez sempre: um par de calças e uma camisa velha, grosseiramente cosidos, cheios de palhiças e mulambos; braços horizontais, abertos, e pernas em ângulo, sem juntas, sem relevos, sem dobras, aprumando-se, espantadamente, empalado, no centro do terreiro. Por cima uma bola desgraciosa representando a cabeça. É o manequim vulgar, que surge em toda a parte e satisfaz à maioria das gentes. Não basta ao seringueiro. É-lhe apenas o bloco de onde vai tirar a estátua, que é a sua obra-prima, a criação espantosa do seu gênio rude longamente trabalhado de revezes, onde outros talvez distingam traços admiráveis de uma ironia subtilíssima, mas que é para ele apenas a expressão concreta de uma realidade dolorosa.

E principia, às voltas com a figura disforme: salienta-lhe e afeiçoa-lhe o nariz; reprofunda-lhe as órbitas; esbate-lhe a fronte; acentua-lhe os zigomas; e aguça-lhe o queixo, numa massagem cuidadosa e lenta; pinta-lhe as sobrancelhas, e abre-lhe com dous riscos demorados, pacientemente, os olhos, em geral tristes e cheios de um olhar misterioso; desenha-lhe a boca, sombreada de um bigode ralo, de guias decaídas aos cantos. Veste-lhe, depois, umas calças e uma camisa de algodão, ainda servíveis; calça-lhe umas botas velhas, cambadas...

Recua meia dúzia de passos. Contempla-a durante alguns minutos. Estuda-a.

Em torno a filharada, silenciosa agora, queda-se expectante, assistindo ao desdobrar da concepção, que a maravilha.

Volve ao seu homúnculo: retoca-lhe uma pálpebra; aviva um ríctus expressivo na arqueadura do lábio; sombreia-lhe um pouco mais o rosto, cavando-o;

ajeita-lhe melhor a cabeça; arqueia-lhe os braços; repuxa e retifica-lhe as vestes...

Novo recuo, compassado, lento, remirando-o, para apanhar de um lance, numa vista de conjunto, a impressão exata, a síntese de todas aquelas linhas; a renovar a faina com uma pertinácia e uma tortura de artista incontentável. Novos retoques, mais delicados, mais cuidadosos, mais sérios: um tenuíssimo esbatido de sombra, um traço quase imperceptível na boca refegada, uma torção insignificante no pescoço engravatado de trapos...

E o monstro, lento e lento, num transfigurar-se insensível, vai-se tornando em homem. Pelo menos a ilusão é empolgante...

Repentinamente o bronco estatuário tem um gesto mais comovedor do que o *parla!* ansiosíssimo, de Miguel Ângelo; arranca o seu próprio sombreiro; atira-o à cabeça de Judas; e os filhinhos todos recuam, num grito, vendo retratar-se na figura desengonçada e sinistra do seu próprio pai.

É um doloroso triunfo. O sertanejo esculpiu o maldito à sua imagem. Vinga-se de si mesmo: pune-se afinal, da ambição maldita que o levou àquela terra; e defronta-se da fraqueza moral que lhe parte os ímpetos da rebeldia recalcando-o cada vez mais ao plano inferior da vida decaída onde a credulidade infantil o jungiu, escravo, à gleba empantanada dos traficantes, que o iludiram.

Isto, porém, não lhe satisfaz. A imagem material da sua desdita não deve permanecer inútil num exíguo terreiro de barraca, afogada na espessura impenetrável, que furta o quadro de suas mágoas, perpetuamente anônimas, aos próprios olhos de Deus. O rio que lhe passa à porta é uma estrada para toda a terra. Que a terra toda contemple o seu infortúnio, o seu exaspero cruciante, a sua desvalia, o seu aniquilamento iníquo, exteriorizados, golpeantemente, e propalados por um estranho e mudo pregoeiro...

Em baixo, adrede construída desde a véspera, vê-se uma jangada de quatro paus boiantes, rijamente travejados. Aguarda o viajante macabro. Condu-lo, prestes, para lá, arrastando-o em descida, pelo viés dos barrancos avergoados de enxurros.

A breve trecho a figura demoníaca apruma-se, especada, à popa da embarcação ligeira.

Faz-lhe os últimos reparos: arranja-lhe ainda uma vez as vestes; arruma-lhe às costas um saco cheio de ciscalho e pedras; mete-lhe à cintura alguma inútil pistola enferrujada, sem fechos, ou um caxenrenguengue gasto; e fazendo-lhes curiosas recomendações, ou dando-lhe os mais singulares conselhos, impele, ao cabo, a jangada fantástica para o fio da corrente.

*

E Judas feito Asvero vai avançando vagarosamente para o meio do rio. Então os vizinhos mais próximos, que se adensam, curiosos, no alto das barrancas, intervêm ruidosamente, saudando com repetidas descargas de rifles, aquele bota-fora. As balas chofram a superfície líquida, erriçando-a; cravam-se na embarcação, lascando-a; atingem o tripulante espantoso; trespassam-no. Ele vacila um momento no seu pedestal flutuante, fustigado a tiros, indeciso, como a esmar um rumo, durante alguns minutos, até reaviar no sentido geral da correnteza. E a figura desgraciosa, trágica, arrepiadoramente burlesca, com os seus gestos desmanchados, de demônio e truão, desafiando maldições e risadas, lá se vai na lúgubre viagem sem destino e sem fim, a descer, a descer sempre, desequilibradamente, aos rodopios, tonteando em todas as voltas, à mercê das correntezas, "de bubuia" sobre as grandes águas.

Não para mais. À medida que avança, o espantalho errante vai espalhando em roda a desolação e o terror; as aves retransidas de medo, acolhem-se, mudas, ao recesso das frondes; os pesados anfíbios mergulham, cautos, nas profunduras, espavoridos por aquela sombra que ao cair das tardes e ao subir das manhãs se desata estirando-se, lutuosamente, pela superfície do rio; os homens correm às armas e numa fúria recortada de espantos, fazendo o "pelo sinal" e aperrando os gatilhos, alvejam-no desapiedadamente.

Não defronta a mais pobre barraca sem receber uma descarga rolante e um apedrejamento.

As balas esfuziam-lhe em torno; varam-no; as águas, zimbradas pelas pedras encrespam-se em círculos ondeantes; a jangada balança; e, acompanhando-lhe os movimentos, agitam-se-lhe os braços e ele parece agradecer em canhestras mesuras as manifestações rancorosas em que tempesteiam tiros, e gritos, sarcasmos pungentes e esconjuros e sobretudo maldições que revivem na palavra descansada dos matutos, este eco de um anátema vibrado há vinte séculos:

– Caminha, desgraçado!

Caminha. Não para. Afasta-se no volver das águas. Livra-se dos perseguidores. Desliza, em silêncio, por um "estirão" retilíneo e longo; contorneia a arqueadura suavíssima de uma praia deserta. De súbito, no vencer uma volta, outra habitação; mulheres e crianças que ele surpreende à beira rio, a subirem, desabaladamente, pela barranca acima, desandando em prantos e clamor. E logo depois, do alto, o espingardeamento, as pedradas, os convícios, os remoques.

Dois ou três minutos de alaridos e tumulto, até que o judeu errante se forre ao alcance máximo da trajetória dos rifles, descendo...

E vai descendo, descendo... por fim não segue mais isolado. Aliam-se-lhe na estrada dolorosa outros sócios de infortúnio; outros aleijões apavorantes sobre as mesmas jangadas diminutas entregues ao acaso das correntes, surgindo de todos os lados, vários no aspeito e nos gestos: ora muito rijos, amarrados aos postes que os sustentam, ora em desengonços, desequilibrando-se aos menores balanços, atrapalhadamente, como ébrios; ou fatídicos, braços alçados, ameaçadores, amaldiçoados; outros humílimos, acurvados num acabrunhamento profundo; e por vezes, mais deploráveis, os que se divisam à ponta de uma corda amarrada no extremo do mastro esguio e recurvo, a balouçarem, enforcados...

Passam todos aos pares, ou em filas, descendo, descendo vagarosamente...

Às vezes o rio alarga-se num imenso círculo; remansa-se; a sua corrente torce-se e vai em giros muito lentos perlongando as margens, traçando a espiral amplíssima de um redemoinho imperceptível e traiçoeiro. Os fantasmas vagabundos penetram nestes amplos recintos de águas mortas, rebalçadas; e estacam por momentos. Ajuntam-se. Rodeiam-se em lentas e silenciosas revistas. Misturam-se. Cruzam então pela primeira vez os olhares imóveis e falsos de seus olhos fingidos; e baralham-se-lhes numa agitação revolta os gestos paralisados e as estátuas rígidas. Há a ilusão de um estupendo tumulto sem ruídos e de um estranho conciliábulo, agitadíssimo, travando-se em segredos, num abafamento de vozes inaudíveis.

Depois, a pouco e pouco, debandam. Afastam-se; dispersam-se. E acompanhando a correnteza, que se retifica na última espiral dos remansos – lá se vão, em filas, um a um, vagarosamente, processionalmente, rio abaixo, descendo...

GLOSSÁRIO

GLOSSÁRIO

Abroquelado: que se encontra protegido ou amparado.

Adrede: de propósito, intencionalmente; antes antecipadamente; previamente.

Adstrito: que está obrigado; constrangido, sujeito.

Alacridade: grande alegria, animação intensa; vivacidade, jovialidade.

Alexandrino: referente ao verso heroico de 12 sílabas, geralmente com cesura (acento) na sexta (alexandrino clássico), podendo, às vezes, apresentar acento em outras sílabas, modificação introduzida pelo Romantismo.

Anátema: sentença de maldição que expulsa da Igreja; excomunhão; por extensão, reprovação enérgica; condenação, repreensão, maldição, execração.

Aquinhoado: que recebeu quinhão; favorecido com quinhão; presenteado, contemplado.

Arrebicado: adornado com arrebiques (no sentido de 'ornamentos'); enfeitado, ornado.

Asceta: antes da instituição dos mosteiros, devoto dedicado a orações, privações e mortificações, sem ter pronunciado votos; por extensão, pessoa que se consagra a exercícios espirituais de autodisciplina.

Aspeito: aspecto, aparência.

Atufar: entrar, internar-se, atolar.

Áulico: que ou aquele que pertence a uma corte; que ou aquele que é subserviente, adulador.

Barregã: amante, concubina.

Brejal: brejo extenso; brejão.

Brunido: a que se deu lustro; a que se fez brilhar por alisamento e polimento.

Bubuia: ato ou efeito de bubuiar (no sentido de 'boiar').

Campanudo: que se mostra pomposo, bombástico.

Carrancismo: característica de quem é carrança, de quem vive preso ao passado.

Casquilho: diz-se de ou indivíduo que se veste com apuro excessivo, no rigor da moda; janota.

Caxerenguengue: faca velha, desgastada e inútil.

Chofrar: atirar de perto e de improviso.

Círio: grande vela de cera.

Ciscalho: lixo que se junta na varredura; carvão feito de resíduos de mato, carvão de refugo.

Coevo: coetâneo; que ou o que é da mesma época, contemporâneo.

Conciliábulo: sentido figurado, longas e/ou repetidas conversas cochichadas ou particulares.

Contextura: modo como estão interligadas as partes de um todo; a característica superficial de matéria mineral; textura.

Convício: dito afrontoso; afronta, injúria, contumélia.

Corolário: verdade que decorre de outra, que é sua consequência necessária ou continuação natural.

Desideratum: desiderato; o que se deseja; aspiração, desejo.

Despeado: que se despeou, solto das peias; livre, desembaraçado, isento.

Ditirambo: originalmente, poema cantado em louvor de Baco (ou Dionísio); por extensão, poema livre, em tom eufórico, que celebra os prazeres da vida; no Arcadismo, tornou-se gênero poético em voga para exaltar pessoas e feitos.

Epíteto: palavra ou expressão que se associa a um nome ou pronome para qualificá-lo.

Esbater: dar relevo a.

Esconjuro: ação de esconjurar; conjuro, maldição; exorcismo, imprecação.

Especado: que se especou; escorado, apoiado, encostado.

Estatuária: arte de criar estátuas.

Estoicismo: rigidez de princípios morais; resignação diante do sofrimento, da adversidade, do infortúnio.

Faina: qualquer trabalho árduo que se estende por muito tempo.

Fastígio: o ponto ou lugar mais alto; cume, pico, píncaro; apogeu, auge.

Fosforismo: intoxicação crônica pelo fósforo.

Frêmito agitação que se propaga em uma multidão sob o efeito da emoção partilhada.

Funambulesca: relativo a ou próprio de funâmbulo; cuja ação foge ao comportamento geral; extravagante, excêntrico.

Galardoar: conferir prêmio ou galardão a, por algum serviço ou merecimento; premiar, compensar, engrinaldar

Galé: pessoa condenada a trabalhos forçados, especialmente a remar, a bordo dos navios desse mesmo nome.

Galvanoplástica: processo eletrolítico para recobrimento metálico de objetos (douração, niquelagem, etc.).

Gleba: feudo a que os servos estavam ligados.

Grilheta: grilhão, corrente.

Guante: luva de ferro das armaduras.

Hidragirismo: intoxicação provocada pela absorção excessiva de mercúrio; mercurialismo.

Inópia: situação de extrema necessidade material; pobreza, indigência, penúria.

Janízaro: oficial de diligências.

Jugo: sujeição imposta pela força ou autoridade; opressão.

Jungir: submeter através da força, agrilhoar.

Laivo: marca, sinal produzido por uma substância; mancha, nódoa.

Liliputiano: extremamente pequeno; falto de grandeza; mesquinho, medíocre.

Loa: discurso elogioso em que se enaltece o mérito de alguém, de algum feito, ou de algo; elogio.

Lôbrego: em que há pouca ou nenhuma claridade, escuro, sombrio, de aspecto soturno.

Lutuoso: que evoca ou simboliza a ideia de morte; fúnebre, lúgubre.

Maniatado: de mãos atadas.

Matuto: diz-se de ou indivíduo que vive no interior do país e cuja personalidade revela rusticidade de espírito, falta de traquejo social; caipira, roceiro, jeca.

Melopeia: toada, cantiga de melodia simples e monótona, geralmente melancólica; cantilena.

Mulambo: pedaço de pano velho, roto e sujo; andrajo, farrapo; roupa velha e/ou em mau estado.

Nimbo: auréola, halo.

Noviciado: processo de aprendizagem de qualquer coisa; o exercício inicial de qualquer ofício ou profissão.

Palhiça: croça; capa de palha que se usa no campo para se abrigar da chuva.

Pertinácia: qualidade ou ação de pertinaz; perseverança, tenacidade, obstinação.

Pisoado: comprimir e bater (o pano) com o pisão (no sentido de 'máquina'); apisoar.

Pletora: superabundância ou excesso de qualquer coisa.

Prédica: discurso religioso; sermão, por extensão, qualquer discurso.

Pugliato: luta com os punhos, a socos.

Reaviar: fazer reentrar na via, no caminho.

Rebalçado: que se estagnou, estagnado; mergulhado no lodo ou na lama.

Refegado: que se refegou; que tem refego(s); encarquilhado, enrugado.

Regímen: regime.

Remoque: dito picante, com ou sem carga de hostilidade; insinuação maliciosa; zombaria, caçoada.

Ressurreto: que ou quem ressurgiu ou ressuscitou.

Ríctus: ricto; abertura da boca.

Saturnismo: intoxicação crônica pelo chumbo; plumbismo.

Tigrino: sanguinário como o tigre.

Travo: impressão desagradável, dolorosa; amargor.

Truão: pessoa que diverte as outras; palhaço, saltimbanco.

Turibulário: aquele incensa com o turíbulo nas cerimonias eclesiásticas; aquele que turibula; adulador, bajulador, louvaminheiro.

Turíbulo: incensário.

Zigoma: osso zigomático; osso par do crânio que forma parte da órbita ocular.

Zimbrar: alcançar (a embarcação) no sentido longitudinal, mergulhando a proa e levantando a popa e vice-versa; arfar.

REFERÊNCIAS BIBLIOGRÁFICAS

Euclides da Cunha. *Obra Completa.* Aguilar, 1966, Vol. I.

Clóvis Moura. *Introdução ao Pensamento de Euclides da Cunha.* Civilização Brasileira, 1964.

José Aleixo Irmão. *Euclides da Cunha e o Socialismo.* Casa Euclidiana, 1960.

Euclides da Cunha, *Poesia reunida,* Leopoldo M. Bernucci e Francisco Foot Hardmann (Orgs.). Unesp, 2009.

Impresso por :

Graphium
gráfica e editora

Tel.:11 2769-9056